I0122196

LES

ŒUVRES POPULAIRES

DES

FRÈRES MINEURS

DE LA

PROVINCE D'AQUITAINE

RAPPORTS DE 1902

« Vous êtes la lumière du
monde... Que votre lumière
brille aux yeux des hommes
de telle sorte qu'ils voient
vos bonnes œuvres et glori-
fient votre Père qui est aux
cieux... »
(S. Math., v, 14-16.)

VANVES près PARIS
IMPRIMERIE FRANCISCAINE MISSIONNAIRE
16, ROUTE DE CLAMART

1902

LES ŒUVRES POPULAIRES

DES FRÈRES MINEURS

LES
ŒUVRES POPULAIRES

DES

FRÈRES MINEURS

DE LA

PROVINCE D'AQUITAINE

RAPPORTS DE 1902

« Vous êtes la lumière du
monde... Que votre lumière
brille aux yeux des hommes
de telle sorte qu'ils voient
vos bonnes œuvres et glori-
fient votre Père qui est aux
cieux... »
(S. Math., v, 14-16.)

VANVES près PARIS
IMPRIMERIE FRANCISCAINE MISSIONNAIRE
16, ROUTE DE CLAMART

1902

APPROBATION

DES PÈRES DU CHAPITRE PROVINCIAL DE 1902

Les RR. PP. Capitulaires, réunis au couvent de Brive, ont lu avec une spéciale consolation la relation des œuvres déjà établies dans nos divers couvents de la Province de Saint-Louis, en Aquitaine, et leur donnent une entière approbation. Ils engagent les divers Directeurs à les continuer avec un nouveau zèle, en s'attachant toujours, comme ils l'ont fait jusqu'ici, à cette double précaution : sauvegarder l'esprit religieux et maintenir la bonne entente avec leurs Supérieurs. A cette condition seulement, ils s'assureront la bénédiction de Dieu qui donne l'accroissement aux œuvres apostoliques.

De notre couvent de Saint--Antoine, près Brive, le 28 juin 1902.

> FR. BRUNO CARNUS, *Gardien.*
> FR. MARIE-JOSEPH DUMOULIN, *Gardien.*
> FR. FULCRAN-MARIE BERTHOMIEU, *Gardien.*
> FR. LUDOVIC GIARD, *Gardien.*
> FR. JULES DU S.-C. MAYNADIÉ, *ex-Définiteur.*
> FR. JEAN DE STE-EULALIE MÉLIS, *ex-Custode.*
> FR. MARIE-LUCIEN DANÉ, *Définiteur.*
> FR. GUY-JOSEPH DAVAL, *Définiteur.*
> FR. THADÉE FAGES, *Définiteur.*
> FR. CHARLES CAURET, *Définiteur.*
> FR. CÉLESTIN-MARIE SANT, *Custode.*
> FR. RAPHAEL DELARBRE, *Ministre Provincial.*
> FR. MARC DE VOS, *Président du Chapitre.*

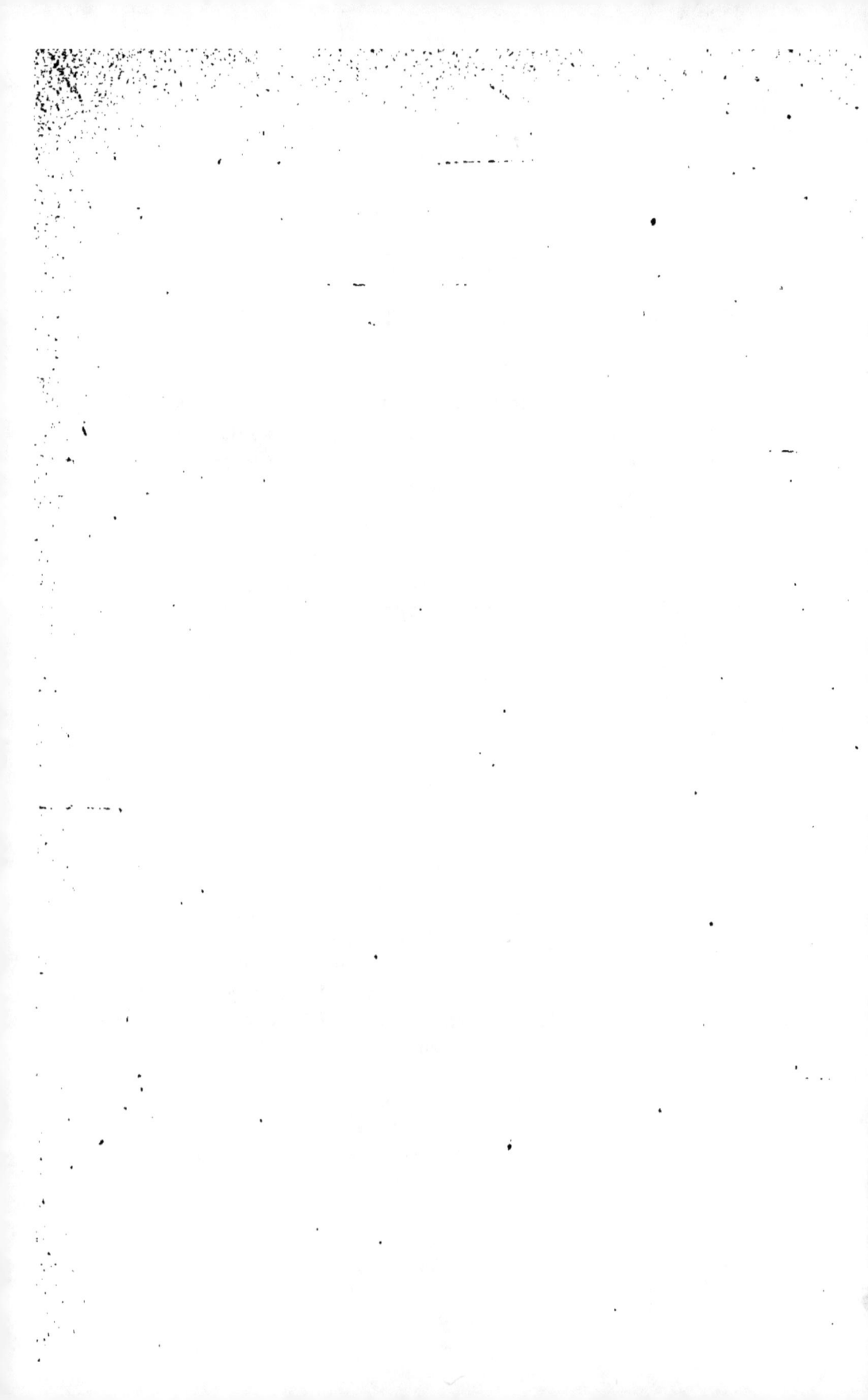

PRÉFACE

Nous n'obéissons pas à une mesquine et ridicule pensée de vanité en donnant ici l'exposé des œuvres populaires dont nos couvents de la Province de Saint-Louis d'Aquitaine sont l'âme et le foyer.

Ce qui nous décide à le faire c'est, tout d'abord, l'opportunité qu'il peut y avoir, le cas échéant, à répondre ainsi par des faits aux préjugés de l'ignorance ou aux accusations de la haine, nous taxant de fainéantise et d'égoïste indifférence à l'égard des travailleurs, des humbles, des petits. Léon XIII, en divers documents et en diverses circonstances, a exprimé hautement le désir que, fidèles aux traditions de leurs ancêtres, les Frères Mineurs de notre temps aillent résolument au peuple et que leur vertu bienfaisante franchisse les murs de leurs cloîtres... Il est bon que l'on sache, dans le camp des ennemis de l'Église, comme dans celui de ses défenseurs, que la parole du Vicaire de Jésus-Christ n'est pas pour nous lettre morte.

D'autre part, en retraçant, succinctement mais exactement, les œuvres déjà entreprises, ou du moins ébauchées, dans la Province, en en marquant l'organisation et le fonctionnement, comme aussi les lacunes et les desiderata, ce tableau, nous osons l'espérer, encouragera nos Religieux, stimulera leur ardeur, les excitera à continuer, à perfectionner, à développer de plus en plus, sur notre sol de France, — si les événements le permettent, — tout ce que leur zèle, aidé de la grâce de Dieu, y a fait surgir.

Et, si des bouleversements, qu'il faut prévoir, hélas ! venaient à emporter, dans un commun désastre, nos couvents et nos œuvres actuelles, ces pages, quand même, auraient leur utilité : elles resteraient comme un programme, comme un plan, de ce qu'il conviendrait de faire revivre, soit ailleurs, soit plus tard, pour la gloire de Dieu et le salut des âmes.

LES ŒUVRES POPULAIRES

DES FRÈRES MINEURS

—————

> « Vous êtes la lumière du monde... Que votre lumière brille aux yeux des hommes de telle sorte qu'ils voient vos bonnes œuvres et glorifient votre Père qui est aux cieux... »
>
> (S. MATH., V, 14-16.)

COUVENT DE BÉZIERS

I. — ŒUVRE DES SERVANTES DE MARIE

But.

Le but de cette œuvre est de sauvegarder les jeunes filles qui viennent en ville prendre du service et qui se perdent dans d'effrayantes proportions. Elle a été fondée à Béziers, en 1897, par la Mère Arsène, Supérieure des Sœurs garde-malades et par le R. P. Guy, alors Gardien du couvent de Béziers. Elle compte actuellement 120 membres; celui qui s'en occupe en a été chargé spécialement par le T. R. P. Othon, Ministre Provincial, en 1898.

2

Moyens.

Les Sœurs reçoivent, dans une maison particulière, les arrivantes et leur cherchent, en ville, des places où leur vertu ne coure aucun danger. Si les jeunes filles le veulent, elles entrent dans la Congrégation des Servantes de MARIE dont les règles sont semblables à celles des Congrégations de la très sainte Vierge. Il y a des réunions, tous les quinze jours ; à 5 h 1/2 du matin : messe, instruction. Les insignes sont le ruban bleu, la médaille et le voile.

Avantages pour les servantes.

1º Avoir dans la maison des Sœurs un pied-à-terre sûr, quand elles sont sans place.

2º Entrer au service des meilleures familles de la ville.

3º Être soignées aux frais de l'œuvre, en cas de maladie.

4º Avoir, au point de vue moral et religieux, tous les avantages d'une Congrégation véritablement chrétienne.

Remarques particulières.

1° Il est facile de développer dans ces âmes la vie chrétienne dans toute son ampleur. Vu les dangers qu'elles courent, il faut leur faire comprendre les avantages qu'elles retirent de l'œuvre, non pas seulement au point de vue matériel, mais encore au point de vue du salut.

2° Il faut, autant que possible, remplacer auprès d'elles la famille absente ; aussi leur demande-t-on volontiers de tenir le R. P. Directeur au courant des mille incidents de leur foyer.

3° On s'enquiert auprès d'elles si, dans les maisons où elles servent, il n'y a point de danger pour leur vertu, et dans ce cas, on les oblige à quitter leur place le plus tôt possible. De plus, la Sœur est prévenue de marquer sur des registres particuliers, à l'encre rouge, cette maison où l'on ne se respecte pas, et de ne point lui accorder de servantes.

4° Le Directeur est très sévère pour le règlement.

5° Il connaît toutes ces enfants par leur nom : cela leur fait plaisir et de cette manière aussi, aucune ne lui échappe.

6° Le petit *memento mensuel*, qui leur est envoyé tous les mois, leur fait beaucoup de bien et elles l'aiment beaucoup. C'est comme une lettre intime dans laquelle on leur parle comme un père à ses enfants. Quelquefois même, dans une correspondance fictive, on emprunte la signature de la mère, afin que les conseils aient plus de poids et de prix. Dans la *Chronique* surtout, on entre dans les moindres petits détails.

II. — Syndicat de l'aiguille

But.

1° L'atelier est, en général, un lieu de perversion pour une multitude d'ouvrières de l'aiguille: y établir le règne de Jésus-Christ, tel est le but de notre syndicat.

2° Il se propose ensuite de rapprocher les unes des autres, par le lien de la charité, les *patronnes* et les *ouvrières ;* voilà pourquoi le syndicat est *mixte.*

Moyens.

Le principal, c'est le travail, et le travail chrétien qui relève l'homme à ses propres yeux ; le travail qui donne le pain de chaque jour. Or, le pain, c'est, pour beaucoup d'ouvrières, la vertu conservée.

Dans les commencements, qui furent doulou-reux, le fondateur de cette œuvre fut loin d'être à son aise au milieu de cette population féminine et ouvrière. Il se demandait qu'elle était l'impres-sion que faisait sur elle l'habit religieux, qui sem-ble ne parler que de prière, de mortification et de récompenses invisibles en ce monde. « Dans mes paroles, écrivait-il un jour, je m'attachais surtout à leur montrer les avantages matériels qu'elles pourraient retirer du Syndicat.

« Actuellement, sans cesser de leur vanter ces mêmes avantages, je leur dis que cela n'est rien sans la religion et qu'une femme ou une fille, qui n'a pas de principes chrétiens, est forcément misérable et plus ou moins vouée à toutes les chutes. »

Désormais la place est conquise; beaucoup, parmi ces enfants, se sont rapprochées des sacre-ments et plusieurs pratiquent aujourd'hui la vertu à un degré héroïque.

Avantages.

1° *Avantages matériels* :

a.) Faire partie d'un groupe, qui, par des procédés licites, cherche à défendre ses intérêts, et cela surtout au moyen du travail.

b.) Avoir un jardin, pris en location, où elles peuvent passer la soirée du dimanche et les jours de fête. Là, patronnes et ouvrières se rencontrent, et celles qui cherchent du travail s'embauchent, au besoin.

c.) Recevoir quelques secours de la caisse syndicale, en cas de maladie ou de besoin pressant.

d.) Une séance récréative annuelle, où elles se font connaître et à laquelle sont invitées les dames patronesses qui, en voyant de plus près les ouvrières, apprennent à s'y intéresser de plus en plus.

Une caisse d'épargne, au taux de 4 p. %, à laquelle elles peuvent confier, sans aucun risque, leurs petites épargnes. Cela les habitue à éviter les dépenses inutiles, et prépare lentement pour l'avenir, des femmes et des mères de famille économes. Parfois, quand la jeune fille n'a pas de quoi mettre à cette caisse et qu'on est content de sa conduite, une généreuse anonyme y met à sa place et en son nom. Le petit livret, qu'on lui remet alors, l'encourage à mener une conduite de plus en plus régulière.

2° *Avantages spirituels :*

a.) Une messe mensuelle, où les communions sont toujours nombreuses.

b.) Une retraite fermée annuelle, de trois jours, absolument gratuite.

c.) Un grand ou petit pèlerinage, auquel la caisse syndicale participe dans une certaine mesure.

Composition.

Le syndicat renferme trois éléments :

1° *Les dames patronesses.*

Elles donnent dix francs par an, généreusement et d'une façon toute désintéressée, et font travailler de préférence nos ouvrières. Elles sont actuellement soixante-dix ; mais ce nombre est un peu flottant.

2° *Les patronnes.*

Elles donnent 5 francs par an. Trop regardantes jusqu'ici aux avantages purement matériels, elles envisageront sous peu, nous l'espérons, à

son vrai point de vue, le grand mérite qui leur
revient de leur charité.

3° *Les ouvrières :*

Leur cotisation est de 1 franc par an.

Le conseil est *mixte*, c'est-à-dire composé de
patronnes et d'ouvrières.

Remarques particulières.

1° Il y a beaucoup à faire encore pour rendre
le syndicat tel qu'il devrait être. Il *faut absolument*
créer un cours d'apprentissage pour les jeunes
filles. Il y a, à Béziers, peu de patronnes et d'ouvrières vraiment instruites dans leur métier. Les
dames, pourtant, ne donneront à ces ouvrières
leur travail qu'à la condition qu'il soit bien fait.

Le cours d'apprentissage est donc un point *capital*
dans l'œuvre, au point de vue matériel. C'est là
l'une des premières choses qu'il faut établir.

2° Il y a des moyens à prendre pour diriger de
préférence les commandes du public vers nos ouvrières. Le premier, c'est d'engager le plus de
personnes possible, faisant ou non partie du syndicat, à connaître notre œuvre. Le second, c'est
de les détourner des fournisseurs qui font travail-

ler le dimanche ou veiller la nuit. On comprend qu'il faut agir ici avec beaucoup de prudence. Les démarches faites jusqu'ici n'ont pas été sans résultats. On pourrait citer telle patronne qui, depuis qu'elle est syndiquée, a vu tripler son travail.

3° Le P. Directeur va passer au jardin la soirée du dimanche. Là, il demande aux syndiquées si elles ont assisté aux offices, si le travail marche, chez qui elles sont employées, etc., etc.

4° Dans ses rapports avec ces personnes du sexe sentimental, il est plutôt rude et peu courtois qu'affable ; mais, elles le savent bien, il est dévoué corps et âme à leurs intérêts et à leur vertu. Aussi, quand parfois sa voix est trop sévère et fait pleurer, la présidente, qui est pour elles, une vraie mère, corrige tout cela et le train marche.

5° Dans ses instructions et ses conversations, il leur prêche l'idéal qu'elles doivent toujours avoir devant les yeux, et qui consiste à estimer la vertu comme leur richesse, leur trésor, leur beauté véritable.

6° Pour mieux encore leur montrer l'intérêt qu'il leur porte, il s'efforce de connaître leurs noms à toutes et leurs positions de famille.

3

7° Si on ne veut pas que les méchants ravissent ces enfants, il faudra, en outre, le plus tôt possible, établir parmi elles une société de secours mutuels.

8° Nous sommes de l'avis du fondateur du Syndicat de l'aiguille à Paris : il faut que le Syndicat s'assure un patrimoine pécuniaire. Aussi, après avoir gardé en caisse l'argent nécessaire pour les dépenses courantes, nous plaçons le reste à intérêt. De la sorte, le syndicat a réussi, avec le secours des dons particuliers, à mettre de côté 3 000 francs.

III. — ŒUVRE DES VIEILLARDS DÉLAISSÉS

But.

Son but, avant tout spirituel, est de venir au secours de la misère morale de tant de vieillards qui vivent loin de Dieu et sont en danger, plus que les autres, de se perdre pour l'éternité. Néanmoins, comme c'est une œuvre complète, elle s'occupe en même temps, dans la mesure du possible, des besoins matériels.

Composition.

L'œuvre renferme trois éléments :

a). Le Comité protecteur. — Il a été fondé pour fournir aux visiteuses les secours nécessaires à l'assistance des vieillards qu'elles visitent. Ses membres paient une cotisation de 5 francs. par an, et cherchent à faire connaître l'œuvre. Il est composé uniquement des jeunes filles qui appartiennent aux familles aisées de la ville.

Le Comité a quelques réunions présidées par le Directeur, et fait donner, chaque année, dans une des églises de la ville, un sermon de charité. Ces demoiselles sont aujourd'hui au nombre de 120.

b). Les Visiteuses. — Ce sont des ouvrières, syndiquées ou non. L'œuvre leur confie un vieillard qu'elles visitent tous les dimanches. Elles reçoivent, pour leurs aumônes, 2 francs par mois. Les soins du médecin sont gratuits et nous avons chez un pharmacien une réduction sur les remèdes.

Une chose manque encore aux Visiteuses : c'est une réunion mensuelle.

c). Les Vieillards. — Ils sont abandonnés parfois par leurs propres enfants. Aussi, faut-il voir comme ils reçoivent nos visiteuses ! Aucun d'eux, sur les dix qui nous ont quittés pour l'autre monde, depuis que l'œuvre existe, n'est parti sans s'être réconcilié avec Dieu.

Remarques générales.

1º Un excellent moyen d'assurer le fonctionnement des œuvres populaires, c'est, à notre avis, ce qu'on appelle, la division par quartier. La ville a été partagée en six sections pour les Servantes de Marie et en quatorze pour les syndiquées.

2º Sans doute, il ne faut pas qu'en général, les œuvres nuisent à la régularité conventuelle du Religieux qui en est chargé ; car le meilleur élément de bien, c'est la prière et la fidélité à la Règle. Néanmoins, il lui faut du temps et une certaine liberté d'action pour s'en occuper ; autrement tout languit et lui-même se décourage.

3º Si le R. P. Gardien n'est point lui-même chargé de ces œuvres, il faut qu'il favorise de son mieux celui des Religieux qui en est chargé.

Nous avons parlé, dans ce rapport, avec la franchise et la simplicité que l'obéissance nous a demandées. Maintenant, nous nous en remettons de toutes choses à cette même obéissance en dehors de laquelle, nous ne voulons rien faire, rien dire, ni rien penser.

Brive, le 13 juin 1902.

FR. GABRIEL-MARIA ROCOU,
O. F. M.

COUVENT DE BORDEAUX

I. — Œuvre des Pauvres

Fonctionnement.

Nos étudiants de théologie servent la soupe aux pauvres (au nombre de 100 à 150), deux fois par semaine, et les Pères du Collège séraphique expliquent alors le catéchisme à ces miséreux.

De temps en temps, le R. P. Gardien lui-même vient s'entretenir avec ces pauvres, pour leur dire un mot de *grosse* moralité et d'honnêteté naturelle. (Se tenir sur la réserve prudente, mais user de simplicité et de *popularité* de bon aloi.)

Vestiaire.

Au service de la soupe est joint un vestiaire. Des personnes charitables mettent à la disposition du couvent des vêtements et du linge. Quand il y a lieu, ces objets sont réparés par *l'ouvroir* du Tiers-Ordre, établi chez les Sœurs Franciscaines. La distribution est ainsi organisée :

les hommes reçoivent *directement* les objets ; les femmes reçoivent un *bon* pour aller chercher ces objets chez les *Sœurs Franciscaines*. Cela est essentiel.

Secrétariat des Pauvres.

Après la soupe, le bureau du *secrétariat* est ouvert : on y donne des renseignements, on y indique du travail, quand c'est possible. L'assistance par le travail, c'est la grande et belle aumône, à notre point de vue. Le secrétariat peut devenir très important. Une société modeste de secours mutuels, un tout petit syndicat peuvent en sortir.

II. — Ouvroir du Tiers-Ordre

Il se réunit sous la présidence d'une Sœur Franciscaine, le jeudi de chaque semaine. On y travaille pour les *pauvres*, le *collège séraphique*, la *sacristie* et pour la *mission* franciscaine française de Chine. Les Sœurs Franciscaines ont eu la bonté de nous prêter un local, qui nous sert de maison du Tiers-Ordre. C'est là que se font nos réunions de chants, les réunions des zélatrices, etc... Merci aux Sœurs !

III. — COMITÉ DE LA MISSION DE CH... ...

Un comité a été constitué, au sein de la Fraternité de Bordeaux, pour s'intéresser pratiquement à *notre* mission franciscaine de Chine.

Les Fraternités, les Tertiaires ont le devoir de s'intéresser à cette mission franciscaine qui est spécialement la nôtre et la leur. (Vicariat du Chan-tong oriental). Il serait facile d'affilier les Fraternités de notre Province au comité de Bordeaux qui deviendrait le centre d'une œuvre d'apostolat. Les cotisations pourraient être minimes. Cette œuvre franciscaine ne saurait nuire évidemment à la grande œuvre de la Propagation de la Foi, dont le siège est à Lyon, pas plus que les pèlerinages à la Portioncule ne nuisent aux pèlerinages de Rome.

IV. — LE PETIT MESSAGER DE N.-D. DES ANGES

Ce n'est pas un simple Bulletin du Tiers-Ordre; c'est un bulletin conventuel des œuvres de Bordeaux que nous venons d'indiquer; c'est, en d'autres termes, un bulletin religieux de notre *quartier de Pessac*. Il s'adresse à tous les habitants, mais de

préférence à nos Tertiaires, à nos amis, aux asso-
ciés du Chemin de Croix. A ce titre, il ne nuit pas
à la *Revue franciscaine*, au contraire. Le Bulletin
voudrait faire, dans le quartier de Pessac, avec
prudence, discrétion, et pour tout ce qui nous con-
cerne, ce que les bons bulletins paroissiaux font
dans les paroisses.

V. — Caisse des œuvres

Elle existe et ne demande qu'à être développée.

VI. — En perspective

1° Une œuvre de catéchisme pour les enfants
pauvres du quartier.

2° Une œuvre de chant populaire.

Brive, le 24 juin 1902.

Fr. Thadée Fages
O. F. M.

Collège séraphique de Terre-Sainte

Le Collège séraphique de Bordeaux est une
maison d'instruction secondaire réservée aux en-

4

fants et aux jeunes gens qui se sentent appelés à la vie franciscaine.

Le cours des études embrasse toutes les matières de l'enseignement classique. — Après la rhétorique, les élèves admis passent au Noviciat.

Visiblement béni de Dieu, le Collège Séraphique, malgré des difficultés de plus d'un genre, a produit de consolants résultats.

Environ *cent trente Religieux* sont sortis de cette maison. Et tandis que les plus jeunes se préparent à leur mission future au Noviciat et dans les divers séminaires de l'Ordre, leurs aînés, déjà prêtres, travaillent au salut des âmes en France, en Angleterre, en Terre-Sainte, en Chine, au Canada et dans l'Amérique du Sud.

Les professeurs du Collège sont comme les *aumôniers* des pauvres. Ce sont eux qui leur expliquent le catéchisme et président à la distribution de la soupe.

Bordeaux, 8 août 1902.

Fr. Godefroy Descamps
O. F. M.

COUVENT DE BOURGES

I. — L'Adoration nocturne

Elle a été la première œuvre entreprise, à la sollicitation d'un bon Tertiaire, M. le Commandant Dupuy.

Organisation.

On se réunit à 9 heures du soir. Dès que les adorateurs sont assez nombreux, ils se partagent les heures de la nuit, en les tirant au sort. Chacun, d'après l'heure qui lui est échue, a un lit de repos, dans une salle disposée à cet effet.

A 10 heures, le Saint Sacrement est exposé ; les adorateurs font ensemble la prière du soir. Le directeur de l'œuvre, ou un prêtre invité par lui, adresse une courte instruction pour exciter la piété, indiquer les intentions principales et l'adoration commence.

Elle dure jusqu'à 5 heures du matin ; la bénédiction du très saint Sacrement et la sainte Messe, où plusieurs de nos adorateurs communient, terminent cette nuit de prières.

A chaque heure, il se trouve au moins deux adorateurs. La plupart du temps, leur nombre est plus considérable.

En moyenne, il se fait l'équivalent de 25 heures d'adoration par nuit.

L'heure d'adoration commence par un acte d'offrande de l'heure au Sacré-Cœur, suivie de la récitation d'un nocturne de l'office du Saint-Sacrement. A la demie, acte de consécration au divin Cœur, récitation du chapelet avec énumération, à chaque dizaine, de diverses intentions et enfin méditation dans les intervalles.

Les Adorateurs se divisent en trois catégories : les Tertiaires et les membres des deux conférences de Saint-Vincent de Paul, de la ville. Chaque mois, à tour de rôle, chacune de ces catégories vient offrir ses hommages à Jésus-Eucharistie.

Cette œuvre, qui existe depuis quatre ans, a besoin parfois d'être *relancée* à certaines époques.

Inutile, croyons-nous, d'insister sur son importance, qui répond si bien à l'Encyclique de Léon XIII sur l'Eucharistie.

II. — L'Œuvre des Pauvres

Elle consiste à dire la Messe, tous les dimanches, aux *miséreux* de la ville.

La Messe est précédée de la prière du matin.

Pendant la Messe, chant de cantiques et récitation du chapelet pour les bienfaiteurs ; après la
Messe, instruction et, à la sortie, distribution à
chacun d'une livre de pain. Pour exciter leur fidélité, on donne aux pauvres un jeton de présence.

Quand ils en ont 20, ils ont droit à un vête-
ment.

L'œuvre dépense douze cents fr. environ par an.

Le bien opéré est considérable. Ces miséreux
manquaient la Messe, le dimanche, à peu près
généralement. Aujourd'hui ils y assistent régu-
lièrement. Une bonne moitié fait ses Pâques. Près
d'un tiers fait la communion aux grandes fêtes.
Nos pauvres ont une retraite tous les ans, pour
les disposer à la communion pascale. Ils écoutent
avec avidité la parole de Dieu. Ils aiment cette
Messe où on leur témoigne de la sympathie. Leur
nombre varie entre 120 et 130.

Les ressources nous viennent des dons particuliers et d'une quête faite dans la ville ; cette quête a produit 800 francs, l'année passée.

Mgr l'Archevêque s'intéresse beaucoup à cette œuvre.

Deux autres œuvres, l'ouvroir de Saint-Antoine et le catéchisme des enfants pauvres, se rattachent à celle-là.

III. — L'Ouvroir de Saint-Antoine

Pour donner des vêtements aux pauvres, les Tertiaires quêtent de vieux habits, ou achètent des étoffes. Deux fois par mois, le 1er et le 3me mardi, elles se réunissent dans la salle du Tiers-Ordre et raccommodent les vieux vêtements ou en confectionnent de neufs. Cette réunion, outre ce but de charité, a pour résultat de mettre les Tertiaires en contact les unes avec les autres et de donner au Directeur l'occasion de leur faire une lecture ou une petite conférence sur un sujet spirituel.

IV. — Le Catéchisme des enfants pauvres

Cinq à six jeunes filles Tertiaires, et aussi quelques-unes en dehors du Tiers-Ordre, font le catéchisme aux enfants pauvres. A la dernière réunion, il y en avait 26. Le catéchisme se fait de 1 heure à 2 heures, le jeudi de chaque semaine.

Pendant longtemps, nous nous étions contentés de prêter la chapelle aux catéchistes ; mais il est devenu nécessaire de nous en occuper plus sérieusement. Un Père a été mis à la tête de cette œuvre.

V. — LES ŒUVRES ÉCONOMIQUES
DU TIERS-ORDRE

1° *Caisse de secours.*

Les Tertiaires qui font partie de cette caisse peuvent, en versant une cotisation de 0 fr. 05 par semaine, ou si elles sont pauvres, moins encore, c'est-à-dire 1 fr par an, avoir les remèdes et la visite du médecin gratuitement. Elles n'ont qu'à se munir d'une feuille imprimée, déposée chez les Zélatrices de quartier et signée par elles.

Un règlement a été établi pour obvier aux abus; cette caisse de secours est, en effet, basée sur un double principe, premièrement que les membres n'en doivent user qu'avec délicatesse, c'est-à-dire dans la mesure où ils le feraient, s'ils devaient payer de leur propre bourse ; en second lieu, que les personnes aisées y doivent recourir le moins possible. Elle a donné des résultats que, nulle part, une autre caisse de secours ne saurait produire. D'après l'Abbé Ract, qui a publié une brochure sur les caisses de secours, aucune ne peut subsister sans une quotité d'au moins 6 fr par an. La nôtre subsiste et a une encaisse considérable avec une quotité plus de moitié moindre. L'esprit de pauvreté et de charité de nos Tertiaires a opéré ce résultat.

En outre des avantages de cette caisse, spéciaux pour les membres qui la composent, tous les Tertiaires qui se présentent chez le médecin où chez le pharmacien de la Fraternité, munis de leur carte d'identité, ont droit à une diminution de 10 °/° sur les remèdes quotés au plus bas prix et sur les honoraires du médecin.

2° *Caisse de Prêts.*

Cette caisse est en projet, depuis près de deux ans. Nous travaillons avec le comité, aidé des lumières de M. Durand, Président de l'Union des

Caisses rurales, à l'organiser sur le terrain légal
Elle est basée sur les principes des caisses ouvrières. Elle se propose d'aider par une avance d'argent les Tertiaires qui se trouvent dans la gêne.

Cette avance n'est pas une aumône, elle est un
prêt ; on prend les mêmes mesures que les caisses
rurales ou ouvrières. Cette œuvre peut rendre de
nombreux services et à ceux qui prêtent à la
Caisse et à ceux qui empruntent.

Aux premiers, elle offrira un placement sûr et
bienfaisant ; car leurs fonds produiront des intérêts
presque aussi considérables que dans les Caisses
d'épargne, et cela tout en leur permettant de
venir en aide à leurs frères.

Aux seconds elle donnera des secours bien précieux, à certains moments de détresse, sans qu'ils
soient obligés de recourir à une banque qui ne
prêterait qu'avec des garanties et à gros intérêts,
ou bien à des particuliers qui, la plupart, feraient
la sourde oreille.

Mais comme les fonds confiés peuvent être com-
promis, il sera bon de ne pas se départir de la
plus grande prudence dans les prêts qui seront
consentis. Il n'y aura au reste qu'à laisser faire les

5

membres du Conseil d'administration et de sur-
veillance, qui, étant responsables des sommes
déposées, y veilleront de près.

Les résultats obtenus par les essais déjà tentés,
sont consolants et encouragent à poursuivre la
réalisation complète de l'œuvre.

Brive, le 23 juin 1902.

FR. FULCRAN BERTHOMIEU
O. F. M.

COUVENT DE BRIVE

I. — L'ŒUVRE DES PAUVRES

Elle consiste à distribuer, deux fois par semaine au moins, le lundi et le vendredi, du pain aux pauvres à la porte du Couvent (environ 60 livres par semaine).

Notre ambition aurait été d'avoir la Messe des pauvres avec instruction ; mais déjà un prêtre zélé, professeur au Petit Séminaire, a créé cette œuvre et, tous les dimanches, réunit de nombreux miséreux, auxquels il distribue avec le pain matériel celui de la parole de Dieu. Il serait difficile, dans ces conditions, d'établir la Messe des pauvres aux Grottes : mais nous voudrions arriver, maintenant surtout que les jeunes Pères du Cours d'éloquence sont à Brive, à faire, chaque semaine, le catéchisme aux pauvres qui viennent chercher un morceau de pain. Il n'y aurait pour cela qu'à les faire venir tous ensemble, à un jour et à une heure déterminés.

L'abri Saint-Joseph servirait à merveille pour

cette réunion. Un Père pourrait être plus particu-
lièrement chargé de cette œuvre. Si, plus tard,
un *Secrétariat du peuple* pouvait se greffer sur cet
apostolat, il semble qu'on ferait un bien immense.

II. — OUVROIR

Les Sœurs Tertiaires ont établi un ouvroir pour
les pauvres ; si, jusqu'ici, il n'a fonctionné qu'im-
parfaitement, la raison en est surtout dans l'éloi-
gnement de la ville.

Tous les mercredis, l'après-midi, ces Tertiaires
se réunissaient dans la salle supérieure de l'abri
Saint-Joseph et travaillaient à confectionner ou
à raccommoder des habits pour les pauvres. L'ex-
périence nous a prouvé que l'assiduité des ouvrières dépendait de la facilité qu'elles auraient à se
rendre à l'ouvroir. Pour réussir, il faudrait donc
les réunir en ville. Mais encore là on se trouve
devant une difficulté. Un ouvroir de dames existe
à Brive au Couvent de la Providence. En consé-
quence, nous avons dû nous borner à engager nos
Tertiaires à pénétrer dans l'ouvroir de la Providence et à y offrir leurs services. Ce n'est que
le petit nombre qui a pu répondre à cet appel,

les Tertiaires étant pour la plupart ou en service ou occupées ailleurs, et le dit ouvroir étant composé des dames les plus riches de la ville.

III. — Patronage des jeunes filles

La Supérieure du Tiers-Ordre, aidée de quelques-unes de ses amies, a fondé, dans un local attenant à sa maison, un patronage où elle recueille, tous les jeudis et dimanches, les jeunes filles des écoles laïques, pour les préserver des occasions dangereuses et leur enseigner le Catéchisme. Le zèle de ces Tertiaires est d'autant plus digne d'éloge qu'elles sont très peu aidées par ceux qui devraient le faire.

IV. — Visite des pauvres a domicile

Les Tertiaires hommes bien peu nombreux, il est vrai, font à peu près tous partie des Conférences de Saint Vincent de Paul. Les Sœurs, de leur côté, se joignent aux Dames de Charité de la ville qui ont une œuvre presque semblable. Plusieurs d'entre elles vont, avec une Sœur de Nevers, visiter les pauvres à domicile et leur porter les secours recueillis auprès des Dames patronnesses. Fréquemment nous les exhortons à payer surtout de leur personne, en allant rendre des services à domicile aux pauvres et aux malades. C'est souvent l'occasion pour elles de gagner la confiance de ces pauvres déshérités, et, surtout en cas de maladie, de faire pénétrer le prêtre jusqu'à eux.

V. — Servantes de Marie

Depuis longtemps, nous songeons à établir à Brive cette œuvre qui, à Béziers, fait tant de bien. Ici, à Brive, la lacune existe réellement ; il n'y a pas d'autre œuvre similaire pour tant de jeunes filles qui, au sortir de l'école ou de la Providence, ne rêvent qu'à une chose, aller se placer à Paris où elles se perdent. Mais il ne faudrait établir cette œuvre qu'à bon escient et pouvoir y employer un Père ayant des aptitudes spéciales.

VI. — Orphelinat

Il y aurait beaucoup à dire sur notre œuvre de l'orphelinat de petits garçons, dont les Servantes de saint Antoine s'occupent. Qu'il nous suffise ici de rappeler que nos trente-neuf petits orphelins sont un des attraits de notre pèlerinage, en même temps qu'ils constituent une partie importante de son organisation. Par les soins d'un Père, qui s'en occupe sous la direction du R. P. Gardien, comme leur aumônier, nous sommes parvenus à recruter parmi eux une Maîtrise de chant pour rehausser nos offices et des enfants de chœur indispensables pour servir les nombreuses Messes qui se disent au pèlerinage.

Ces petits orphelins, entièrement entretenus par les aumônes des amis de saint Antoine, sont une vraie consolation de notre ministère à Brive. L'instruction leur est donnée chez les Frères, et nos efforts tendent surtout à faire d'eux des chrétiens bien armés pour les luttes de leur vie dans le monde.

VII. — Pèlerinages

Les groupes, plus ou moins nombreux de pèlerins qui viennent aux Grottes, nous fournissent l'occasion d'un ministère bien sérieux : il s'y fait presque continuellement un bien comparable à celui des missions. A l'occasion de ces manifestations de foi, beaucoup de confessions sont entendues par les Pères, des conseils donnés, etc., et nous pouvons dire que les fruits de ce ministère sont féconds et abondants.

Les jeunes Pères du Cours d'éloquence seront d'un précieux secours pour ces pèlerinages, et on pourra profiter de ces fêtes pour les former peu à peu au ministère.

Telles sont, en résumé, les œuvres diverses que nous avons au couvent de Brive. C'est un petit grain de senevé, il est vrai ; mais il y a là le germe d'un grand bien pour plus tard, croyons-nous, si saint Antoine, notre glorieux Thaumaturge, veut bien continuer à bénir son Sanctuaire de prédilection, y conserver ses Frères et sanctifier leurs efforts.

Brive, 26 juillet 1902.

FR. CÉLESTIN-MARIE SANT,
O. F. M.

COUVENT DE LIMOGES

Le quartier du chemin des Papillons, situé à une demi-heure de l'église paroissiale et composé de familles ouvrières ou de pauvres, était, il y a cinq ans, un quartier moralement abandonné. Les pratiques religieuses n'y étaient plus connues que d'un petit groupe de personnes (quatre ou cinq), exilées et comme perdues dans ce faubourg de l'indifférence.

La tâche s'imposait donc d'elle-même : il fallait donner à la fondation du nouveau couvent des Frères Mineurs une tournure résolument apostolique et populaire. Les *enfants* et les *pauvres !* Tel devait être l'objectif. Réunir ces petits et ces petites, déguenillés, délabrés au physique et au moral, pour en faire des chrétiens et des êtres sociables, venir en aide à la misère physique de ces familles de travailleurs imprévoyants et désordonnés pour atteindre leurs âmes, y verser la vérité et la charité, voilà ce qu'il fallait entreprendre. Voilà effectivement ce qui a été entrepris, sous l'inspiration du Dieu de charité, avec l'assistance du séraphique et apostolique François d'Assise, sous l'égide de saint Antoine, avec la bénédiction et les conseils du T. R. P. Othon, alors Ministre Provincial.

Après maints tâtonnements et maintes hésitations tels sont donc, au bout de quatre ans, l'état et le fonctionnement des trois œuvres principales entreprises dans cet esprit de dévouement au peuple, qui est le caractère spécial des Frères Mineurs :

Le patronage des jeunes garçons.
Le patronage des jeunes filles.
L'assistance et l'évangélisation des pauvres.

I. — Patronage des jeunes gens

Composition de l'œuvre.

Le patronage compte de soixante à soixante-dix membres assidus. A plusieurs reprises, il a atteint le chiffre de quatre-vingts à quatre-vingt-dix. Quelques-uns, comme des papillons volages, se sont naturellement et nécessairement envolés.

Actuellement, l'œuvre se subdivise en trois sections : la 1re formée des enfants qui n'ont pas encore fait leur première communion ; la 2ᵉ comprenant les autres jusqu'à l'âge de seize ans ; la 3ᵉ appelée « petit cercle, » composée des jeunes gens, apprentis, ouvriers, de seize à vingt et un ans.

Un règlement détermine le mode d'administration de ces divers groupes.

Administration de l'œuvre.

Elle est administrée et dirigée :

1° Par le Père Vicaire, aidé d'un Père du couvent ;

2° par un comité de laïques ;

3° un comité d'honneur est en voie de formation : il sera composé de plusieurs Messieurs, bons catholiques et fervents Tertiaires. Tout fait espérer que M. le Curé de Saint-Pierre en acceptera la présidence, ce qui sera une garantie pour l'avenir de l'œuvre. Le comité d'honneur a pour but de subventionner l'œuvre. Depuis trois ans déjà, le comité général des œuvres catholiques de Paris nous a alloué 50 francs, chaque année.

4° Nous avons enfin un conseil d'enfants du patronage, portant le nom de *dignitaires*, élus par les membres du patronage et chargés de certains emplois, bibliothèque, caisse d'épargne, etc.

Le dimanche.

Le patronage se réunit, le dimanche, dès 8 heures du matin. A 9 heures, tous assistent à la sainte Messe, qui est précédée de la prière du matin faite à haute voix.

On exige une prononciation calme et recueillie, digne, attentive et dévote.

Après l'aspersion, on chante un cantique doctrinal, sur les commandements de Dieu ou de l'Église très souvent ; puis lecture de l'évangile par le célébrant ; chants et prières alternés, durant le reste de la Messe. A l'issue du saint Sacrifice, catéchisme public auquel assiste, durant un quart d'heure, non seulement le patronage des jeunes gens, mais encore celui des jeunes filles.

Pendant un autre quart d'heure, étude de cantiques simples et pieux.

De ces chants sont impitoyablement bannis les cantiques et motets maniérés, mondains, antireligieux qui foisonnent dans certains recueils. Nous n'admettons pas de *solos* de jeune homme ou de jeune fille. C'est le Religieux qui entonne, après avoir désigné à haute voix le numéro du cantique. Tous continuent à l'unisson. Certains cantiques sont seulement chantés à deux chœurs, jeunes gens d'abord, jeunes filles ensuite.

Cet exercice du matin ne dure pas plus d'une heure à une heure dix minutes. Les enfants vont ensuite dans leur salle répondre à l'appel, puis dans la cour où ils jouent jusqu'à 11 h. 1/2.

A une heure du soir, ils rentrent après avoir mangé. Ils jouent, ou prennent des leçons de gymnastique jusqu'à 4 heures.

A 4 heures, réunion à l'église : récitation de la couronne franciscaine, cantique, sermon simple, instructif, populaire par sa forme et son langage, salut du très saint Sacrement et cantique final. En tout une heure au plus.

Cette brièveté et cette ponctualité sont nécessaires pour ne pas rendre odieuses et fatigantes nos cérémonies. Nous veillons aussi à ne pas laisser *languir* l'auditoire, mais à l'occuper *toujours*, soit à chanter, soit à prier, soit à écouter. Après la cérémonie de 4 heures, les enfants vont dans la cour où ils jouent jusqu'à 6 h. 1/2.

Pendant ce temps, de 5 h. 1/2 à 6 h. 1/2, ont lieu les réunions du Comité et du Conseil.

Réunions du soir.

Le petit cercle (vingt et un membres actuellement) se réunit, tous les soirs, de 8 heures à 9 h. 1/2, sauf le mardi et le samedi.

Cette œuvre est le joyau du Patronage. C'est là surtout que le Directeur peut exercer une action décisive sur l'âme de ces jeunes gens. De l'aveu de *tous les directeurs* de la jeunesse, le jeune homme de seize à vingt et un ans est très difficile à conduire. La raison se devine. Nombre de patronages abandonnent les jeunes gens à eux-mêmes durant la semaine ; ils ne les réunissent que le dimanche. Dans le principe, à notre couvent, il en fut de même ; aussi les résultats étaient-ils quasi nuls.

Il fut alors résolu que l'on soustrairait *complètement* le jeune homme à *toute autre* influence que celle du patronage, et pour cela qu'on lui offrirait des soirées utiles et agréables.

Dans ce but, pour pourvoir aux développements physique, intellectuel et moral de l'enfant, on a ainsi organisé la semaine.

Dimanche et lundi : Gymnastique et autres exer-
cices de développement et d'adresse corporels.

Mercredi et vendredi : Études, sous formes de
conférences, causeries, discussions, de sujets religieux, historiques, sociaux, etc.

Jeudi : Étude de la musique et du chant.

Nota : Le mardi soir a été laissé libre, afin que
l'enfant puisse satisfaire à ses devoirs de famille
et de société.

Le samedi soir est consacré à une réunion du
Comité et du Conseil, pour prévoir et préparer
la journée du dimanche et les réunions de la
semaine. Souvent aussi il y a des confessions.

ŒUVRES FONDÉES OU EN FONDATION
AU SEIN DU PATRONAGE

1° *Une société de gymnastique, de tir, etc.* — Elle
a donné déjà d'excellents résultats. D'abord, elle
a habitué les jeunes gens à la soumission prompte
et sans réplique, ce qui leur était très pénible
auparavant. Ensuite, la gymnastique en assou-
plissant le corps, le *dompte* aussi et offre à ces
pauvres enfants un auxiliaire précieux pour résis-
ter aux tentations de l'impureté.

Cette société est composée d'une vingtaine de membres. Le professeur est un lauréat de l'École spéciale de Joinville. Les enfants participent au paiement de ses honoraires en versant, chaque mois, une cotisation de o fr. 50.

Le principe de la non-gratuité de ces leçons est très important. Les enfants n'apprécient les choses qu'autant qu'elles leur coûtent. Quand les leçons étaient gratuites (c'est-à-dire payées par le Comité) elles n'étaient suivies que très mollement. Cela a bien changé depuis que les sociétaires paient eux-mêmes et sont impitoyablement mis à l'amende (10 centimes) pour chaque arrivée en retard à la leçon.

Le recouvrement de cette cotisation est fait, *tous les dimanches du mois,* par trois des sociétaires constitués en bureau. Ce système est excellent ; car tous les sociétaires faisant partie, à tour de rôle, du bureau en question ils ont à cœur l'exact recouvrement et ne songent jamais à se plaindre.

2° *Une caisse d'épargne.* — L'institution de cette caisse, appelée à rendre de multiples services à nos enfants, n'est pas encore un fait accompli. A maintes reprises, ils ont fait des économies,

assez considérables même (jusqu'à 200 francs),
qu'ils ont confiées au Comité. Mais ce n'est qu'en
ces derniers temps que nous avons osé aborder
la fondation d'une *caisse d'épargne* proprement dite.

Le règlement est élaboré aux trois quarts. Il
est composé, en séance publique, dans les soirées
d'études par les membres du petit cercle, et cela
afin de les habituer et de les former à la discus-
sion et à l'étude des choses sérieuses.

3° *Une mutualité ou caisse de secours mutuels*
(encore en fondation).

4° *Un cercle d'études religieuses, littéraires, socia-
les.* — Deux fois par semaine, le petit cercle se
réunit pour ces études. C'est tantôt le Père Directeur, tantôt un des Messieurs du Comité, et fréquemment aussi un des membres du cercle, qui
fait la conférence, ou présente un rapport qu'on
discute ensuite amiablement. Les commencements
ont été très rudes. Maintenant, le goût commence
à venir. L'assistance à plusieurs conférences d'o-
rateurs populaires en renom et l'espoir pour les
membres de se voir inscrit au grand cercle d'études de Limoges sont de précieux stimulants.
Nous avons pu, l'hiver dernier, donner quatre

conférences publiques (c'est-à-dire en présence d'invités de distinction).

5° *La bibliothèque.* — Un peu pauvre encore, mais appelée à faire beaucoup de bien, à mesure que le goût des études sérieuses se développera chez les jeunes gens. Elle est régie par un règlement spécial, actuellement remis à l'étude en vue de son perfectionnement. C'est toujours un des membres du cercle qui est chargé du rapport.

Nous espérons, d'ici peu, faire bénéficier le quartier tout entier de cette bibliothèque. Ce sera l'apostolat par le livre et la brochure. Que Dieu bénisse ce projet !

6° *L'école de chant et de musique.* — Elle fonctionne une fois par semaine et elle a remplacé les anciennes répétitions dramatiques auxquelles on s'adonnait au commencement.

Nous avons renoncé aux *séances* théâtrales, etc., comme moyen d'éducation. C'est un système désastreux. Il serait trop long de rapporter ici tous les arguments qu'on pourrait invoquer contre ces séances. Je n'en alléguerai qu'un seul : les patronages qui, autour de nous, s'y adonnent s'en trouvent mal ; nous qui n'en donnons pas, nous nous en trouvons bien.

Remarques générales sur le fonctionnement
du Patronage.

Le régime du patronage est le régime *paternel :*
Grande fermeté, tempérée par une sincère affec-
tion pour ces jeunes gens. C'est cette fermeté
qui, à plusieurs reprises, a sauvé l'œuvre mena-
cée par des complots, des intrigues, etc.

Les enfants qui ont fait la première communion se confessent et communient tous les mois.
Ils y sont très fidèles. Nous faisons coïncider
cette communion avec celles du Tiers-Ordre, le
dernier dimanche du mois, à la messe de 9 heures ;
ce qui nous donne une cérémonie délicieuse.

De temps en temps, nous faisons de grandes
promenades, voire des pèlerinages : Lourdes, Brive
etc. Nous avons pu, même, envoyer un repré-
sentant du patronage à Rome. Il y a porté la
bannière, que le Saint-Père a bénite.

Cette œuvre de jeunes gens requiert, chez celui
qui s'en occupe, beaucoup de patience, une bonté
inaltérable ; mais aussi de la vigilance, de la prudence, et de la *poigne.* La familiarité avec les enfants, dans leurs jeux violents, n'est pas bonne.
Elle expose le Religieux à n'être plus écouté et

obéi, quand il fait des remontrances. Je pourrais citer l'exemple d'un jeune Religieux qui, par devoir, se croyait obligé de jouer comme un camarade avec les enfants. Qu'arriva-t-il ? Quand il voulait faire les gros yeux et enfler la voix, on prenait cela pour une plaisanterie ; ce qui alors le mettait dans des colères noires. J'ajoute que néanmoins la paix n'en a pas été compromise.

II. — L'ŒUVRE DES JEUNES FILLES

Dans ce quartier, une œuvre pour les jeunes filles est presque plus importante encore que pour les garçons. Le dévergondage des jeunes filles, en effet, est extrême, à Limoges, à cause de la licence qui règne dans les fabriques de porcelaine où un grand nombre d'entre elles travaillent. Afin donc de les soustraire au danger des distractions profanes et de contrebalancer l'influence d'un si mauvais entourage, nous avons fait en sorte qu'elles fussent groupées en patronage.

Là aussi il y a deux sections : les jeunes enfants qui n'ont pas fait la première Communion, et les plus grandes qui sont réunies en Congrégation de la sainte Vierge. L'œuvre en compte, au total, une soixantaine.

Comme pour le Patronage de garçons, il y a un Comité actif, composé de trois pieuses dames Tertiaires ; et un comité d'honneur ayant une présidente très zélée.

Le Comité s'entend avec le Père Directeur pour les moindres détails.

Le local affecté aux réunions du patronage est dans le voisinage du couvent, de l'autre côté de la rue. Jusqu'à présent, afin de ne pas fournir la moindre prise à la malignité, le Père Directeur s'est abstenu d'aller dans ce local avec les patronées. Il leur a fait les instructions à la chapelle, ou dans une salle des parloirs. Le Très Révérend Père Visiteur a été d'avis de se montrer sur ce point moins rigide, (tout en usant d'une grande prudence), si un plus grand bien de l'œuvre semblait le demander.

Il n'est pas possible de mentionner tous les détails du fonctionnement de cette œuvre. D'ailleurs, elle n'a, jusqu'ici, vécu que de traditions. Le règlement en est à l'étude.

Également en projet et en voie de réalisation

est une école *ménagère* pour ces jeunes filles. Cette école, si elle peut réussir, fera un bien sensible dans le quartier.

Remarques.

Comme pour le patronage des jeunes gens, l'esprit de la direction s'efforce d'être vraiment paternel. Point de familiarité, même dans les appellations, pas de brusquerie non plus. Les enfants sont très réservées dans leurs rapports avec le couvent. La piété fleurit parmi elles. Presque toutes se confessent et communient tous les 15 jours.

Est-ce à dire que tout y est parfait? Hélas, non. L'élément féminin est difficile à diriger. Cette œuvre est féconde en soucis et en tracas de toutes sortes.

Que Dieu nous éclaire et nous aide!

III. — ASSISTANCE ET ÉVANGÉLISATION
DES PAUVRES DU QUARTIER

Raison d'être de cette œuvre.

Le Patriarche d'Assise aima les *pauvres* autant que la *pauvreté*. Il leur venait en aide de tout son pouvoir, au besoin par d'étranges et sublimes industries. Ne le vit-on pas un jour, dépouiller l'autel de la sainte Vierge pour faire la charité à un miséreux ?

Dans notre quartier, les familles pauvres sont nombreuses. Or, pour pratiquer cette vertu séraphique de la charité, pour atteindre par des bienfaits *matériels* l'âme de celui qui souffre, comment s'y prendre dans un couvent de Frères Mineurs ? Notre *état de pauvreté,* d'abord, notre *vœu* de pauvreté ensuite ne nous permettent guère de *donner par nous-mêmes* en dehors du pain, que les restes des repas. Pour arriver à une solution, voici donc les moyens adoptés.

Fonctionnement.

Six personnes pieuses et dévouées ont été réunies en comité. Elles s'emploient à quêter de vieux vêtements et à les raccommoder ; à quêter aussi des légumes, et même un peu d'argent.

Lorsque quelque solliciteur se présente au couvent, le Frère portier avertit le Père Vicaire qui vient en personne voir l'indigent, s'informe de sa nécessité, prend son nom, son adresse, et promet d'avertir les *dames du Comité de Charité.* Tous les lundis, celles-ci se réunissent sous la présidence du Père, et chacune reçoit son programme d'action pour la semaine. Les unes quêtent ; les autres sont chargées d'aller visiter les pauvres qui ont demandé un secours. Après s'être assurées de la réalité du besoin, elles donnent ce qui a été jugé nécessaire.

Résultat.

L'effet moral de ces bienfaits est très grand. Sans cesser d'être des Religieux *pauvres,* nous avons perdu auprès du peuple la réputation d'être indifférents et égoïstes et nous avons acquis celle d'être *bienfaisants.* Bon nombre de ces secourus se sont rapprochés de Dieu, après quelque bienfait reçu par notre entremise.

J'omettais de dire que la caisse de l'œuvre donne au Père Vicaire des *bons de pain,* qu'un boulanger fournit au rabais, et des *jetons* du fourneau économique tenu par les Sœurs de Charité. Il est possible ainsi au Père de venir en aide, par lui-même et sur l'heure, à une misère pressante.

Nous avons le projet de nous entendre avec quelque maison honnête à laquelle nous pourrions adresser de même, par le moyen de jetons spéciaux, l. pauvres *sans abri,* qu'il nous faut, malgré un déchirement de cœur, renvoyer, l'hiver, faute de place. (Ce serait un commencement *d'asiles de nuit,* tel qu'ils fonctionnent à Paris avec de si heureux résultats).

Voilà, dans ses grandes lignes, la physionomie du Couvent de Saint-Antoine, à Limoges, par rapport à l'évangélisation et au soulagement matériel et moral du peuple. Certes, il n'y a là en soi rien *d'extraordinaire.* Mais ce bien que l'on essaie d'y réaliser, tout ordinaire qu'il est, n'en demande pas moins beaucoup *d'esprit de suite* et de *dévouement.* Il faut moins de qualités brillantes que de qualités solides. C'est un bien qui demande à être fait sans bruit. En effet, grâce à cette manière de procéder, qui a été celle suivie jusqu'ici, nous n'avons soulevé aucune susceptibilité de la part du clergé paroissial. Loin de là, sa sympathie nous est ouvertement témoignée.

Brive, le 24 juin 1902.

FR. MARIE-LUCIEN DANÉ
O. F. M.

COUVENT DE PAU

I. — Fraternité sacerdotale

La Fraternité sacerdotale est la première et une de nos plus belles œuvres de Pau.

Supérieur. — Le Supérieur est un prêtre du clergé diocésain.

Discrétoire. — Le discrétoire se compose également de prêtres Tertiaires.

Salle des Conférences. — La salle supérieure de la maison du Tiers-Ordre est affectée aux réunions de la Fraternité.

Horaire de la journée. — A 10 h. du matin, première conférence ; à 11 h. 1/4, Examen particulier sur la Règle du Tiers-Ordre ; à midi, dîner, suivi d'une courte récréation ; à 2 heures 1/2, deuxième conférence ; à 3 heures, psalmodie des vêpres et des complies ; Instruction, Salut.

Objet des conférences. — On a traité jusqu'ici : de la sanctification du dimanche, de l'œuvre des bibliothèques, de la propagation du Tiers-Ordre dans les paroisses, surtout parmi les jeunes gens et les jeunes filles. Depuis plus d'un an, et dans ce but, ces Messieurs s'occupent de l'organisation des œuvres de jeunesse dans le sud-ouest.

Dîner. — Le dîner se prend dans la salle inférieure de la maison du Tiers-Ordre ou salle de l'ouvroir. Ces Messieurs se font apporter le repas d'un hôtel, à raison de 2 fr. par tête. Le secrétaire de la Fraternité organise toutes choses. Le Père Gardien n'a pas à s'en occuper.

Présidence. — Le Père Gardien reste président de droit et de fait de toutes les réunions. Il prend son repas avec ces Messieurs et préside le dîner.

Réunions spirituelles ordinaires. — A 3 heures, ces Messieurs se réunissent dans la chapelle du Tiers-Ordre pour la psalmodie de vêpres et de complies. Il y a ensuite une instruction donnée par l'un d'eux et salut du très saint Sacrement.

Réunions extraordinaires. — Deux fois déjà, au mois de novembre 1900, dernière réunion du siècle, et en 1901, le 16 avril, anniversaire de la profession de saint François, il y a eu dans l'église du couvent deux importantes cérémonies. A 9 h. 1/2, la grand'messe a été chantée avec diacre et sous-diacre. A 3 heures, la Communauté s'est

réunie au chœur. Les ecclésiastiques, au nombre
d'une quarantaine, et une vingtaine 'de laïques
Tertiaires avaient pris place dans le sanctuaire.
Les dames du Tiers-Ordre et beaucoup de fidèles
non Tertiaires remplissaient la grande nef. Après
le chant du *Magnificat,* et le discours de circons-
tance donné, la première fois, par un prêtre sécu-
lier, la seconde, par le R. P. Gardien, les trois
Fraternités ont solennellement renouvelé la profession devant le saint Sacrement. Tous les prêtres,
revêtus du surplis, un flambeau en main, for-
maient une couronne devant l'autel, et la formule
de profession, scandée par ces voix fortes et par
toute l'assistance, produisait un effet imposant.
Chacun se retirait édifié, heureux et fier d'ap-
partenir à la famille séraphique.

II. — GARDE DES MORTS

C'est l'œuvre spéciale de la Fraternité des
Sœurs du Tiers-Ordre. Établie sous notre prédé-
cesseur, le R. P. Fidèle, elle a pris depuis, grâce
au développement de la Fraternité, une extension
considérable.

Nature.

Cette œuvre consiste à garder, à tour de rôle, jusqu'aux funérailles, la dépouille mortelle des Sœurs qui en faisaient partie. Il y a la garde de jour et la garde de nuit. La garde de jour commence à 5 heures du matin et se continue, avec succession de groupes de Tertiaires, jusqu'à 10 h. du soir ; celle de nuit est faite par les mêmes veilleuses jusqu'à 5 h. du matin.

Fonctionnement.

L'œuvre, placée sous la direction du R. P. Gardien, fonctionne avec le concours de la Supérieure du Tiers-Ordre, de la Zélatrice en chef et de la Zélatrice de quartier, de la manière suivante. Aussitôt que la Supérieure du Tiers-Ordre connaît la mort d'une Sœur, qui faisait partie de l'œuvre, elle en donne avis à la Zélatrice en chef ; cèlle-ci avertit les Zélatrices de quartiers, qui avertissent à leur tour les Tertiaires de leur ressort, et aussitôt la garde commence auprès de la défunte:

Avantages.

Les gardes de jour seront à leur tour veillées par leurs Sœurs membres de l'œuvre. Les gardes de nuit ont droit à une neuvaine de Messes acquittées par les soins de la Fraternité.

Contrôle.

Comme de juste, un contrôle de présence s'impose. La Zélatrice en chef place dans la chambre mortuaire, dès la première heure de garde, des feuilles préparées à l'avance pour recevoir, heure par heure, le nom des personnes présentes. Recommandation leur est faite de ne pas signer pour les absentes.

Avec ces feuilles est dressé un registre de présence, lequel reste en double entre les mains du R. P. Gardien et de la Supérieure du Tiers-Ordre.

Pour faciliter à cette dernière la connaissance des membres de l'œuvre, nous avons dressé pour elle une liste par ordre alphabétique, et ainsi à la nouvelle de la mort d'une Sœur, elle peut voir d'un coup d'œil qui elle doit convoquer.

Cette œuvre est très appréciée à Pau et, dernièrement, lorsque nous avons voulu lui donner une impulsion nouvelle, presque toutes les Tertiaires, capables d'en faire partie s'y sont enrôlées avec empressement. Celles qui sont libres de leur temps font leur heure de garde dans la journée. A certaines heures, le groupe dépasse le nombre de vingt-cinq. Les ouvrières choisissent le matin ou le soir. Pour la garde de nuit le nombre des membres atteint la quinzaine.

III. — Ouvroirs

Ouvroir Saint-Antoine. — Établi chez la Supérieure du Tiers-Ordre, il se réunit tous les mardis à 2 heures.

Nos Sœurs ouvrières sont au nombre de vingt-cinq à trente ; elles confectionnent des habits pour les enfants pauvres. Les vêtements et les restes d'étoffe, abandonnés par les riches, deviennent sous leurs doigts habiles, le trésor de l'indigent.

Ouvroir Saint-Pascal. — Il y a trois ans, après le splendide triduum en l'honneur de saint Pascal, nous fondâmes, dans la maison du Tiers-Ordre, un ouvroir eucharistique.

IV. — Chants liturgiques et populaires

Nous ne présenterons pas le chant comme une œuvre véritable et spéciale à Pau, mais seulement comme un bon résultat qu'on pourrait tenter d'obtenir dans d'autres églises, au moins dans les plus fréquentées.

Chant populaire. — Dans notre église de Pau presque tout le monde chante. Les morceaux les plus connus, comme les cantiques populaires, les litanies de la sainte Vierge, l'*Ave Maris stella*, le *Magnificat*, etc., sont enlevés avec entrain.

Chœur des chanteuses. — Ce mouvement religieux est entretenu par un chœur de chanteuses, la plupart Tertiaires.

Place du chœur dans l'église. — Le chœur des chanteuses a une place spéciale dans l'église, un harmonium à son usage et de plus chaque chanteuse a un livre de plain-chant marqué à son nom.

Exécution des chants. — Messes, vêpres du dimanche, complies, hymnes de l'église, même celles propres à notre bréviaire, litanies de la très sainte Vierge, etc., sont exécutées alternativement par les Religieux au chœur et par les fidèles.

Répétitions. Lieu de préparation. — La maison du Tiers-Ordre nous offre, au point de vue du chant, un précieux avantage. C'est là que le chœur des chanteuses a sa répétition, tous les dimanches.

Récompenses. — Pour encourager tous ces dévouements, le P. Gardien distribue, de temps en temps, des récompenses, consistant en des objets de piété, donnés par une personne généreuse.

Mais la récompense la meilleure, la plus appréciée, est une Messe que le Père Gardien célèbre, de temps en temps, pour les chanteuses. Il y a à cette Messe une courte instruction et les chanteuses y font la sainte communion.

Attirer les fidèles à l'église, les faire participer par le chant populaire aux cérémonies et aux offices religieux, tel est le résultat obtenu, résultat appréciable, à coup sûr, de nos jours où les foules tendent de plus en plus à déserter la maison de Dieu.

Brive, le 25 juin 1901.

FR. BRUNO CARNUS
O. F. M.

COUVENT DU PUY

I. — Œuvre des vieillards délaissés

Établie depuis trois ans, avec l'approbation et les encouragements de Mgr Guillois, évêque du Puy, cette œuvre prend, chaque année, un développement nouveau.

Elle compte, à l'heure actuelle, quatre-vingts visiteuses, assistant un nombre égal de vieillards délaissés.

Le but qu'elle poursuit est, avant tout, spirituel. Instruire les vieillards des vérités de la foi, les exciter à la pratique de leurs devoirs religieux, les consoler dans leurs peines, leur enseigner la résignation dans la pauvreté et les infirmités, surtout les préparer à une bonne et sainte mort, telle est la tâche confiée aux visiteuses.

Pour atteindre plus facilement ce but, l'œuvre ne néglige pas les besoins du corps. Elle fournit à chaque visiteuse un petit secours pécuniaire, o fr. 60 par mois, qui doit être employé à l'achat des choses les plus nécessaires aux vieillards.

De la sorte, la jeune fille ne se présente pas les mains vides et cette aumône, toute modique qu'elle est, lui sert comme de billet d'entrée dans l'habitation du pauvre vieux et lui gagne la sympathie de son protégé, qui salue en elle l'ange consolateur de la charité.

Si on ajoute à cela les services de tout genre qu'elle lui rend, comme de faire son lit, mettre de l'ordre et de la propreté dans sa mansarde, laver et raccommoder ses habits et son linge, etc., on comprend sans peine avec quelle joie et quelle reconnaissance sa visite est accueillie.

Un deuxième but, poursuivi par l'œuvre des vieillards, est de développer dans la jeune fille les précieuses qualités dont la nature l'a douée. Destinée par la Providence à une vie de sacrifice et de dévouement, elle doit apprendre à se dépenser et à déverser sur ses semblables les trésors de tendresse, de bonté, de sensibilité, que renferme son cœur. La visite et le soin des pauvres vieillards lui fournit pour cela un champ d'action propice. La vue de la misère, de la souffrance, de l'abandon, attendrit son âme, lui inspire la compassion et la porte à la charité..

Les résultats obtenus par l'œuvre, depuis sa fondation, sont en rapport avec le double but qu'elle
poursuit.

Des vieillards, qui négligeaient la pratique de la
religion, ont été ramenés. D'autres, qui murmu-
raient contre la Providence, ont appris à accepter
leur triste condition avec une humble résignation.
Plusieurs, qui seraient morts sans sacrements,
ont eu, grâce à la vigilance de leur charitable visiteuse, qui est allée quérir le prêtre, le bonheur de
recevoir, avant d'expirer, les suprêmes consola-
tions de la religion.

Les jeunes filles, à leur tour, sans parler du
mérite qu'elles acquièrent devant Dieu en exer-
çant les œuvres de miséricorde spirituelle et cor-
porelle, puisent dans le contact avec les pauvres
vieillards les plus utiles leçons. Elles apprennent
à envisager la vie sous son véritable aspect. Avec
l'imagination vive et ardente qui caractérise la
jeunesse, elles seraient naturellement portées à
considérer leur avenir sous les plus brillantes cou-
leurs ; mais, quand elles se trouvent en présence
de personnes, qui, comme elles, jadis ont caressé
des rêves de bonheur, et qu'elles les voient main-

tenant brisées par l'âge, en proie à la misère et à la souffrance, comment ne concevraient-elles pas des idées plus exactes sur la réalité de l'existence qui les attend.

D'autre part, les actes de charité et de dévouement, qu'elles accomplissent vis-à-vis d'étrangers, par amour pour Dieu, les préparent admirablement à remplir la mission que la Providence leur réserve, soit à côté de leurs parents, devenus vieux ou infirmes, soit au sein d'une nouvelle famille.

L'œuvre est dirigée par un comité, qui se compose d'une présidente, d'une secrétaire, d'une trésorière et de deux conseillères. Chaque mois, les visiteuses ont une réunion spéciale, présidée par le Père Directeur. Après une courte prière, lecture est donnée, par la secrétaire, du procès-verbal de la dernière réunion ; puis chaque visiteuse est invitée à faire connaître les industries de zèle qu'elle a employées, les traits édifiants dont elle a été témoin, les besoins spirituels et corporels du vieillard dont elle a la charge.

Ce récit est toujours intéressant et donne la note gale à la réunion. Malheureusement, il faut l'avouer, la timidité des unes et l'humilité des autres se traduisent trop souvent par le silence, et dérobent ainsi à la connaissance de l'auditoire des actes et des entretiens, qui serviraient grandement à l'édification de tous. Quoi qu'il en soit, après la revue du mois, le P. Directeur adresse, s'il y a lieu, ses avis et ses recommandations aux membres de l'œuvre et leur fait une courte instruction. La prière clôture la réunion. Puis, avant de se retirer, chaque visiteuse reçoit de la trésorière la petite aumône destinée à son vieillard.

Pour mettre les jeunes filles à l'abri de tout danger pour leur âme ou leur réputation, on leur recommande, et c'est un point du règlement, de ne jamais aller seules visiter leurs vieillards, mais de prendre toujours une compagne.

De plus, avant d'adopter un vieillard, deux dames conseillères se rendent compte, par une visite personnelle, de sa moralité, du quartier et de la maison qu'il habite, et, selon les renseignements obtenus, on fait choix de la visiteuse, attribuant les hommes à celles qui sont d'un âge mûr, et les femmes à celles qui sont plus jeunes. Ces mêmes membres du conseil, plusieurs fois par an, dans une tournée générale, visitent tous les vieillards assistés par l'œuvre et veillent à ce que tout se passe selon l'ordre et les règles de la prudence.

Les ressources, dont dispose l'œuvre, proviennent d'une quête faite à domicile par les soins de la Présidente. Le produit en est remis à la Trésorière, qui en fait, comme je l'ai déjà dit, la distribution à la réunion mensuelle des visiteuses. Toutes les personnes charitables, qui font à l'œuvre un don, de quelque nature que ce soit, sont convoquées à une réunion présidée par Monseigneur, dans laquelle la secrétaire lit un compte rendu sur l'œuvre, et le bien opéré par elle dans le courant de l'année. Sa Grandeur adresse un mot de félicitation et d'encouragement à l'assistance, qui se retire édifiée et toute disposée à procurer à l'œuvre les ressources dont elle a besoin.

II. — OUVROIR

L'ouvroir, qui confectionne des vêtements pour les pauvres, a ceci de particulier qu'il s'occupe aussi de raccommoder le linge des personnes indigentes. Les mères de famille, par exemple, chargées de l'entretien de nombreux enfants, et qui, obligées de travailler pour les nourrir, n'ont pas le temps de rapiécer leurs habits, blouses, pantalons, robes, etc., en font un paquet et l'apportent à l'ouvroir, où les Tertiaires réparent, avec un dévouement et une patience admirables, tous ces vêtements, souvent dans un état pitoyable.

Les ressources dont dispose l'œuvre sont assez minimes. Jusqu'à ces derniers temps, c'est à peine si la direction avait de quoi se procurer du fil et des aiguilles. Une heureuse innovation du R. P. Président a fait venir un peu d'*eau* au moulin. Une quinzaine de petits troncs ont été placés dans les principaux magasins catholiques du Puy, avec cette inscription : *Tronc de saint Antoine : Pour l'ouvroir du T. O.* Et le bon Saint, qui sait faire trouver toutes choses, fait aussi remplir les troncs de petits sous, qui, à la fin de l'année, représentent une somme relativement importante.

III. — Bureau de placement

Créé seulement depuis un mois, exclusivement en faveur des Tertiaires, ce bureau se compose de trois membres, chargés de recueillir les demandes, et offres de places. Il fait les démarches nécessaires pour rendre service, à la fois, aux maîtres et aux domestiques.

Brive, 23 juillet 1902.

FR. FIDÈLE BOUILLÉ,

O. F. M.

———◦———

COUVENT DE SAINT-PALAIS

Le couvent de Saint-Palais est devenu comme le *Sanatorium* de la Province. Le climat y est tempéré et l'air très fortifiant ; aussi, est-il très salutaire pour les Religieux fatigués soit par l'étude, soit par l'anémie, soit par une faiblesse de tempérament. Cette maison est, en quelque sorte, l'infirmerie nécessaire à la Province ; aucun autre couvent ne réunit aussi complètement les conditions d'hygiène, de rétablissement et de repos.

La population est très attachée aux Religieux ; le vote du Conseil Municipal vient d'en donner tout récemment encore une preuve éclatante.

Il n'a pas été possible aux Religieux d'établir une œuvre de bienfaisance locale : il n'y a pas de mendiants dans la localité, et presque pas dans le pays, qui jouit d'une certaine aisance. De temps en temps, quelque pauvre isolé vient demander l'aumône.

Actuellement, une pauvresse, vieille et infirme, se présente chaque jour à la porte du couvent et reçoit une bonne écuelle de soupe : il y aura bientôt deux ans que le bon Frère cuisinier lui prépare ainsi son repas quotidien.

Du reste, la Communauté serait disposée de faire içi ce que nos autres couvents font ailleurs, si le besoin s'en faisait sentir.

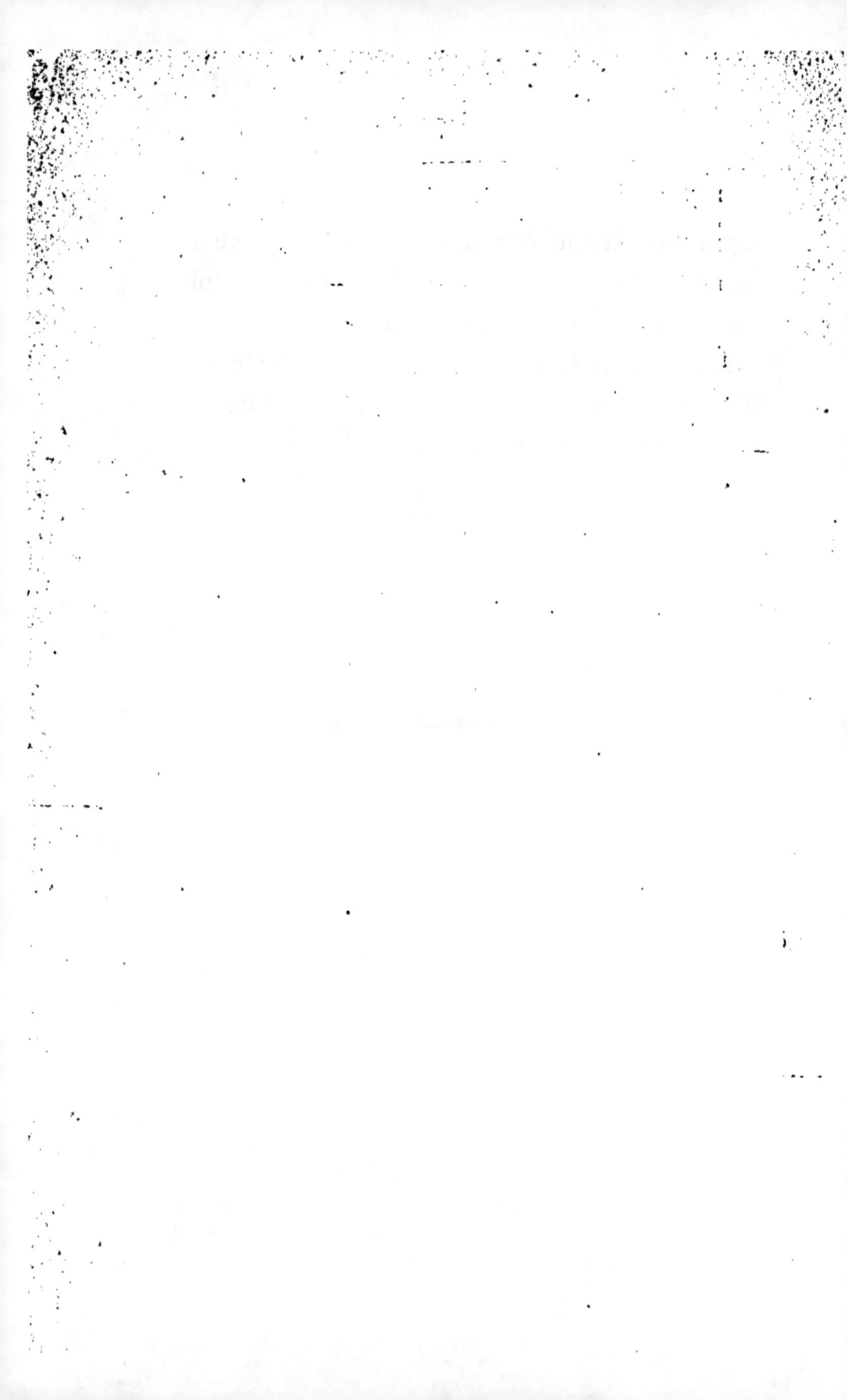

TABLE DES MATIÈRES

L'imprimeur-gérant: LEMIÈRE.

Vanves Imp. Francisc. Miss., 16, route de Clamart

www.ingramcontent.com/pod-product-compliance
Lightning Source LLC
Chambersburg PA
CBHW070908280326
41934CB00008B/1627